AF236504

RUMMELPLATZ

MEINER

SEELE

Wundertütenpoet

VON

TINA HÜSCH

DIE MÖGLICHKEITEN
VON POESIE UND WAHNSINN

Bibliografische Information der Deutschen Nationalbibliothek: Die Deutsche Nationalbibliothek verzeichnet diese Publikation in der Deutschen Nationalbibliografie; detaillierte bibliografische Daten sind im Internet über dnb.dnb.de abrufbar.

ISBN: 9783755795209

Herstellung und Verlag: BoD – Books on Demand, Norderstedt

ABOUT ME

Ein weißes Blatt Papier ist die Bühne meiner Seele ...
Und wenn der Vorhang aufgeht, können meine Ideen zur Ewigkeit werden.
So lebe ich schon seit einer sehr langen Zeit und habe vergessen wer ich eigentlich war, bis ich mich selbst zwischen vielen Buchstaben wiederfand.
Mit jedem Tag, an dem ich sie zu ordnen begann, wurden aus ihnen mehr und mehr Sinnsätze und mein Leben zum Reim.
Dadurch hat meine Seele es geschafft, anders sein zu dürfen, auch wenn der Rest der Normalität manchmal seltsam schaut und fragt, ob ich Realität sei.
Da schläft zwischen der Hexe und dem kleinen Teufelchen die Verrückte und diese hält die gute Fee an der Hand, die es schafft, einem Engel Flügel zu geben, bis ihn der Wahnsinn wieder auf den Boden der Tatsachen holt, wo ihn direkt der Wirbelwind meiner Energie zum Fliegen bringt.
Die Magie der Poesie ist zu meinem Seelenplan geworden, und es würde mich freuen, wenn auch Du die eine- oder andere Verrücktheit in meinen Zeilen findest, die in Dein Leben passt, um es ein Stückchen wilder und bunter zu machen.
Viel Spaß beim Zauber der Buchstaben...

TINA

FÜR MEINES

WAHNSINNS

LIEBSTEN

SOHN...

Für alle,

die dem Alltagsgrau entfliehen wollen

und daran glauben,

dass ihre Seele Flügel hat ...

Für Dich,

weil Du meine Zeilen liest

und mich ein Stück auf Deiner Reise mitnimmst.

INHALT

EINBLICK, EINSICHT, ERKENNTNIS ...

Ich denke über das Leben nach, also bin ich am Leben ...

Doch lebe ich schon, oder denke ich zu viel?

Was ist eigentlich das Leben?

Eine Existenz, die mir mein eigenes Dasein bewusst machen
und nahebringen sollte?

Ich überlege, wie ein Bild des Lebens wohl aussehen würde,
wenn man es anfinge zu zeichnen ...

Die Welt als ein riesengroßes Puppenhaus des lieben Gottes,
die Katastrophen wären des Teufels Beitrag und mittendrin das LEBEN.

Jeder hat sein eigenes ... und jeder sollte sich auch um sein eigenes Leben
kümmern und schauen, dass es keinen Schnupfen bekommt,
denn so ein Leben kann sehr empfindlich sein.

Für mich ist das Leben so etwas wie eine REISE, eine Studienreise mit
vielen Prüfungen, die man bei Nichtbestehen in den verschiedensten
Formen wiederholen muss.

Bei jedem Mal Durchfallen gibt's noch mal ´ne Ehrenrunde, und man sollte
auch bei bestandener Prüfung nicht mit einem Diplom rechnen ...

Eine Ehrenrunde erkennt man auch wunderbar daran, dass man das Gefühl
nicht loswird, sich im Kreis zu drehen.

Einblick, Einsicht,

Erkenntnis ...

14

Über die Dauer oder den Verlauf seiner Lebensreise weiß man mit Gewissheit nur, dass es einen Anfang gegeben hat und ein Ende folgen wird. Bleibt man beim Bild, so sieht man ein Schiff, ein Flugzeug, eine Eisenbahn, einen Bus ...

Ein jeder sucht sich das Beförderungsmittel, das seinem eigenen Charakter am nächsten kommt, und bei den meisten Menschen wechselt das Transportmittel des Öfteren, je nach Lebenssituation.

Natürlich weiß man auch nie, mit welcher Transportmöglichkeit gerade das Unglück oder das Glück verreist, sonst würde man sich einfach beim Glück dazumogeln und hoffen, dass niemand merkt, dass der passende Fahrschein vielleicht fehlt ...

Manchmal lässt das Leben auch nicht viele Möglichkeiten zu, man läuft handystarrend in der Spur, blickt weder nach rechts oder links, man folgt einem fest vorgeschriebenen Weg, ohne diesen in Frage zu stellen, man ist also mit dem Zug auf starren Schienen unterwegs.

Ein anderes Mal weiß man gar nicht so recht, wo es langgeht, man steigt ein und sieht für eine Zeit lang nur einen kleinen Radius um sich herum, alles ist eng, nervt, hat einen schlechten Geruch ...

alles ist im Nebel: Also befindet man sich im Flugzeug.

Oder man fühlt sich wie eine Insel, auf der nur bestimmtes Leben vorkommt, und hat Angst, jede Welle könnte einen überrollen, dann ist man für eine Zeit lang mit dem Schiff unterwegs.

Wie schon gesagt, viele Menschen wechseln das Verkehrsmittel des Öfteren, doch es gibt auch einige unter uns, die bleiben ihrem Transportmittel treu, egal was passiert, sie bleiben mit ihrem Hintern sitzen, auch wenn die Straße vereist ist oder ihr Gefährt gerade einen Platten hat.

Ich für meinen Teil habe das Gefühl, in einem Bus zu sitzen, mit vielen Haltestellen und Orten ...

15

Und somit ähnelt mein Leben im Moment einer Fahrt in einem Reisebus mit vielen Zielen. Es steigen Menschen zu, es steigen Menschen aus, und alles unterliegt einem ständigen Wandel.

So sitze ich in meinem „Reisebus" und schaue mich mit großen Augen um ... Es herrscht ein buntes Treiben, alle Sitzplätze sind belegt, sogar im Gang tummeln sich noch ein paar Leute.

Es gibt viele Verwandte, Bekannte, Kollegen und Freunde – einige von ihnen leuchten hell und ihre Anwesenheit bereitet mir Freude, einige von ihnen scheinen nur körperlich anwesend und innerlich leer zu sein ...

Mein Vater ist bereits vor ein paar Stationen ausgestiegen, und egal wie viele Haltestellen es noch geben wird, er wird nie wieder zusteigen ... das macht mich unendlich traurig.

Viele werden noch aussteigen und große Lücken hinterlassen, und bei anderen werde ich vielleicht gar nicht merken, dass sie bereits ausgestiegen sind.

Wiederum andere werden vielleicht einfach nur umsteigen, mal mit einem Lachen, mal mit einem Weinen in der Seele ... Und bestimmt hat meine Seele hier und da auch aufgeatmet, wenn jemand sich entschieden hat, eine andere Route einzuschlagen, oder ich ihn gebeten habe, umzusteigen und ich konnte mich wieder mehr freuen, da ich mich freier gefühlt habe ...

Viele werden positive Spuren in meiner Seele und meinem Herzen hinterlassen, ich werde sie nie vergessen und mich immer mit einem Lächeln im Gesicht an sie zurückerinnern.

Doch es gibt auch jene, die einem Seele und Herz verkratzt haben, und bei diesen Menschen sollte man in der Kathedrale seines Herzens Kerzen aufstellen, wenn man sie endlich losgeworden ist.

Und in einem sind wir uns alle gleich, und das ist auch eine Art Gerechtigkeit in unserem Leben, ein jeder von uns hat nur diese eine Reise ... Keiner von uns hat unendlich viel Zeit, ein jeder hat nur dieses eine Leben und keiner

16

kann sich ein zweites kaufen, keiner kommt lebend aus dem Leben raus. Das ist auch das große Frage-und-Antwort-Spiel, wir wissen nie, an welcher Station wir vielleicht umsteigen, da sich unsere Pläne geändert haben, oder aussteigen, da unsere Reise zu Ende ist ...

Und wie schön wäre es, dass, wenn der Moment kommt und wir für immer aussteigen müssen, etwas von uns zurückbleibt, was den restlichen Reisenden ein Lächeln in die Seele zaubert.

Unser Leben gleicht einem großen Experiment und wir sollten alle Risiken wagen, und die schönste Route unter dem sternenreichsten Himmel nehmen, mit dem größten Eisbecher und den wildesten Schmetterlingen im Bauch ...

Deshalb stehe ich von meinem Platz auf und laufe zum Busfahrer, weil ich ihn bitten möchte, mich zu einem ganz bestimmten Ort zu bringen.

Er ist ein crazy Typ, sehr herzlich, ohne Orientierungssinn – oft die falschen Stationen ansteuernd – fährt er die bunte Meute laut vor sich hin singend von einem zum nächsten Ort, mit einem Lächeln im Gesicht wartet er, bis der Letzte umgestiegen ist – startet und fährt mit einem Zwinkern wieder los.

Ich flüstere ihm zu, dass er mich an den Ort bringen soll, wo die Poesie die Kunst küsst ...

Da ich daran glaube, dass die beiden eine Liebelei haben und dass dadurch so viel Schönes auf diese Welt kommt, was allem einen tieferen Sinn gibt und das Einzigartige zum Leben erweckt ...

Gerade von dem Einzigartigen brauchen wir mehr.

Denn manchmal habe ich das Gefühl, der liebe Gott legt die langweiligsten Menschen auf den Kopierer und drückt auf 1000-mal, um den Teufel zu ärgern.

So laufen meine Gedanken weiter, bis ich meinen Busfahrer leicht verwirrt antworten höre: „Weißt du nicht, dass die Kunst kein Zuhause hat und die Poesie eine Straßenmusikerin ist? Sie sind ewige Touristen, sie leben in den

17

Menschen, die sich von ihnen beseelen lassen. Dort treiben sie ihren kreativen Schabernack, lassen die Funken fliegen und

beflügeln diese Menschen in ihrer ganzen Art, neue Schöpfungen entstehen zu lassen, von wundervoller Genialität bis hin zu irrsinnigem Unsinn …

Doch am Ende ist alles Kunst, von der Poesie geküsst."

Ich stehe immer noch staunend vor ihm …

Wie soll ich denn an diesen Ort kommen,

wenn er mich nicht hinbringen kann, fragt sich mein Kopf traurig im Inneren.

Da setzt er seine Rede fort: „Wer wohnt eigentlich da in deinem Herzen? Ist es nicht das Kind von Poesie und Kunst? Du trägst es mit dir herum als ‚blinden Passagier', der viel mehr Aufmerksamkeit verdient, als du ihm gibst?"

Ich bin perplex, so viel Einfühlungsvermögen hätte ich ihm gar nicht zugetraut.

Ich hatte gar nicht gemerkt, dass er auch tiefgründig sein kann …

Und doch hätte ich es wissen können, da er mich doch schon seit so vielen Jahren durch mein Leben fährt.

Woher weiß er, dass da wer in meinem Herzen wohnt, genau da mittendrin, wo es die ganze Zeit klopft, wenn ich es doch selbst gerade erst entdecke?

Obwohl nur mein Kopf diese Frage formuliert und meine Lippen dazu schweigen, fängt er an zu antworten:

„Man kann es am Leuchten deiner Augen sehen und an deinem fragend suchenden Herzen erkennen."

Und mit einem Mal wird mir klar, dass er mehr ist als nur der Busfahrer, für den ich ihn all die Jahre hielt …

Er ist mein Schutzengel, nur ich habe es die ganze Zeit nicht erkannt.

Leise fährt er fort: „Wenn du die beiden finden willst, musst du sie auf den Bildern suchen, die dein inneres Kind als ‚blinder Passagier' in deinem Herzen malt. Und du wirst erkennen, wie viel von allem in dir lebt …

Da du dein inneres Kind in deinem Herzen mit dir herumträgst, ist die Poesie

18

der Kunst in dir. Verlass dich auf dein Gefühl, geh nach innen und entdecke dich … Gib dir endlich selbst die Aufmerksamkeit, die du brauchst, um die dir anerzogenen Glaubenssätze und Erziehungsmuster ablegen zu können.

Lösch alle Sätze von der Festplatte deiner Seele, die dich einengen und nicht du selbst sein lassen. Durchbrich den Käfig der konditionierten Befangenheit, dich auf dieser Welt anpassen zu müssen, und erlebe die Freiheit des Geistes, wie sie nur durch die Kunst der Poesie geschenkt werden kann!"

Ich fange an und radiere alles aus, was in meinem Leben keinen Platz besitzt und mir die Freiheit und die Luft zum Atmen nimmt. So kann ich wieder fliegen ohne Fallschirm, kann fallen und nichts bereuen.

Ich habe sie getroffen, die Quelle aller Genialität, aller Verrücktheit, aller schönen Dinge …

Ich spüre in mich hinein und begreife das erste Mal in meinem Leben, dass die Poesie der Kunst ein Gefühl ist.

Ein großartiges Gefühl!

Besondere Menschen kommen mit diesem Gefühl zur Welt, doch sie sind sehr selten. Ihre Seelen sind sehr alt, unendlich liebevoll und filigran.

Diese Menschen sind es, die den Zauber der Phantasie auf der Welt aufrechterhalten können und das Alltagsgrau zum Leuchten bringen.

Mein busfahrender Schutzengel lächelt mich an …:

„Ja, genauso ist es, jetzt hast du es verstanden.

Es ist der kleine ‚blinde Passagier' in deinem Herzen, der die Macht hat, deine Welt zu ändern und dich zu beseelen …"

Plötzlich merke ich, wie sein Lächeln auch von mir Besitz ergreift.

Es breitet sich als angenehmes Kribbeln in meiner Brust aus, und ein warmes, wohliges, glückliches Bauchgefühl macht sich auf, meinen Körper zu erobern, und ich verstehe, dass die Poesie der Kunst wirklich ein Gefühl ist.

Es hat die Macht, einen Menschen zu beseelen, aber es weiß auch, dass es von Rationalisten nie Besitz ergreifen wird.

19

Ganz langsam gehe ich zu meinem Platz zurück und merke, wie dieses
unbeschreiblich schöne Gefühl mich in Besitz nimmt und mit mir spielt ...
Es überflutet mich und lässt meine Sinne wachsen.
Als Erstes erwachen ...

K - reativität
U - nbändige
N - eugierde
S - ensibilität
T - emperament

Die Gefühle fangen an, die Schleier des Alltäglichen zur Seite zu ziehen, und
machen Platz für die Weite des Himmels:

P - hantasie
O - ptimismus
E - infallsreichtum
S - chabernack
I - nspiration
E - igenleben

Sie alle fallen in meinen Geist ein und bringen meine Seele zum Leuchten.
Ich bin froh, dass ich durch den Dschungel der Empfindungen in mir den
rettenden Notausgang gefunden habe.
Ich sehe mein inneres Kind, das seinen Weg erst beginnt.
Ich bin bereit für meine eigene Unzulänglichkeit,
die ein Feuer entfacht und alles möglich macht.
Und so verstehe ich, was durch den gemeinsamen Tanz von Poesie und Kunst
entstehen kann:
„Die Dinge zu kombinieren und so ganz neue
‚Wesen' der Schöpfung zu kreieren ..."

20

AN DAS KÜNSTLERKIND DER POESIE IN MEINEM HERZEN:

Mehr als nur ein blinder Passagier
bist du einfach hier …
und erzählst mir
von der Kunst, ein Künstlerkind zu sein.
Von irrwitzigen Ideen besoffen,
für jegliche Kreativität weit offen …
Vom Einfallsreichtum betrunken,
in sich selbst versunken …
Immer sprühen, glühen, brennen,
sich im Ideenreichtum verrennen.
Ständig etwas Neues wagen
und im Innern nie verzagen,
verstehen, dass man anders ist,
auch wenn die Welt das gern vergisst.
KUNST hat ihren eignen Weg,
auf dem sie mit der Poesie durchgeht.

21

All diese Eindrücke schwimmen von jetzt an in meinem Blut,
machen einen Sprung von der Kunst zur Poesie,
um danach eine Runde Ideenkarussell zu fahren,
sie nehmen die Rutschbahn in meinen Bauch
und streicheln unterwegs noch mein Herz.
So entgleist mein im Grunde so artiges, gut erzogenes ICH
und kommt ab vom Weg der langweiligen Vernunft in Richtung der
wunderbaren Möglichkeiten des Seins,
und genau dort werde ich in Gedichten weiter nach mir suchen.

KOMM MIT UND SUCH AUCH DU NACH DIR.

Ich bin mir sicher,
Du wirst sehr viele von Deinen Geistern in meinen Gedichten finden …
Und schön wäre es doch,
endlich ihre ganzen Namen kennenlernen zu dürfen.

ERSTER STREICH ...

Ich habe Dir in meinem **Seelenzoo Frühstück** gemacht, damit Du direkt
mit der **Sein-Suche** beginnen kannst, um das eigene **Wild-Sein** zu
finden und festzustellen, dass **Alles in Allem** steckt.

Wie **Ich und die Welt** die **Sieben Geister** sehen und dann
das **Sinn-Sein** der **Selbstbestimmung** verstehen.

Bevor **Der Plan, den es nicht gibt**, mich auffordert, **Fangen
Frei im Wind** zu spielen, damit das **Universum Für ein Leben genug
Geistesblitze** hat.

SEELENZOO

In meinem kleinen Seelenzoo
sind alle Käfige weit offen.
Das Leben schreit Hurra
und ich mag es ebenso,
wir beide sind vom Glück besoffen.
Weltoffen, haben wir uns übertroffen
und können nur hoffen,
dass alles frei ist von Zusatzstoffen
und beim Glück noch lange verkaufsoffen.
Denn so wäre das Leben ergebnisoffen
und wir hätten die richtige Entscheidung getroffen.

FRÜHSTÜCK

Jeden Morgen, noch bevor mein Körper erwacht,
hat mein Geist schon das Frühstück gemacht,
hat die irrwitzigsten Ideen
und lässt alles Vernünftige ALT aussehen.

SEIN-SUCHE

Die Suche nach dem Sein
geht nur allein,
denn tief in mir drin
weiß ich, wer ich bin.

WILD SEIN

Mein eigenes Sein
ist so niedlich und klein,
so zickig und wild,
ein ganz eigenes Bild!

ALLES IN ALLEM

Wenn wirklich alles mit allem verbunden ist,
dann ist auch alles in einem jeden von uns!
Und wenn alles, was es gibt, in einem jeden von uns steckt,
wie viel schläft dann von allem in uns?
Und was von allem möchte ich aufwecken?
Und was soll bloß bis zum Tag
des Jüngsten Gerichts weiterschlafen?
Und wenn alles in mir wohnt,
kann ich dann auch alles finden,
wenn ich danach suche?
Und was verstecke ich besser,
wenn ich es aus Versehen finde?
Und wenn alles alles ist,
ist alles dann nicht eigentlich unendlich?
Gibt es da einen göttlichen Teil, der mich trifft,
und wäre dies verständlich?
Wenn es alles in mir gibt, dann gibt es alles in jedem.
Also bin auch ich im ALLES versteckt und stecke somit in jedem.
Und das ALLES schon seit
so vielen unzähligen Leben ...

ICH UND DIE WELT

Ich bin hier auf dieser Welt,
weil ich so sein will, wie es mir gefällt.
Nicht, um das zu tun,
was das Regelwerk von mir verlangt.
Sondern gespannt auf das,
was die Welt für mich bereithält.

SIEBEN GEISTER

In mir stecken sieben Geister,
tief in meiner Seele drin.
Lachen
Weinen
Tanzen
Lieben
geben allem einen Sinn.
Jeder hat seine eig'ne Meinung
und verteidigt sie bis aufs Blut.
Doch Wut kennt wirklich keiner,
alles wird durch Lachen gut.
Sind sieben Frohnaturen beisammen
und freun sich an des Lebens Wahn.
Blicken auf des Lebens Dinge,
wie sie noch keine anderen sahen.

33

SINN SEIN

Es gibt einen Ort,
von dem kommt keiner fort,
es ist das eigene Sein,
es lässt einen nie allein.
Es lebt tief in einem drin
und gibt allem einen Sinn ...
Doch wie komm ich dahin?

SELBSTBESTIMMUNG

Was hilft, wenn nichts hilft?
Was tröstet, wenn nichts hält?
Wenn ein Schatten auf die Seele fällt?
Das eigene Sein entgleist
und die Seele vereist?
Nur ich allein,
kann dann tief in mir drinnen
einen neuen Funken zum Glimmen bringen.
Mir einen neuen Horizont suchen
und aufhören zu fluchen.
Und so lerne ich zu sein
mit mir am glücklichsten allein.
Denn da ist keiner, der bestimmt
und mir meine Freude nimmt.

35

DER PLAN, DEN ES NICHT GIBT

Ich denke gerade nach
über den Plan, den es nicht gibt …
und der sich trotzdem immer wieder in mein Leben schiebt.
In meiner Gefühlswelt schon so viele Gedichte schrieb
und mir doch im Dunkeln sich nicht zu erkennen gibt.
Und so verschiebt sich meines Geistes Handeln,
lässt mein Tun durch die Welten wandeln,
um hier und da mit ´nem neuen Plan anzubandeln.

FANGEN

Manchmal laufe ich vor mir selbst weg.
Und komm mir dabei kaum hinterher.
Dann will mein Herz weg,
dem Kopf fällt's so schwer.
Und beide fühlen sich leer.
Egal, wie schnell ich laufe,
ich hole mich selbst nie EIN.
Doch um das zu verstehen,
muss ich erst mal bei mir sein.

38

FREI IM WIND

Wenn ich mich frei fühle,
kann ich die Wolken spüren.
Wenn ich mich frei fühle,
brauche ich Geschwindigkeit.
Wenn ich mich frei fühle,
ist mir egal, was morgen kommt.
Ich hänge meine Seele in den Wind
und lasse sie mit Seifenblasen spielen,
bis sie sich fühlt,
als wäre sie wieder Kind.

39

UNIVERSUM

Jeder ist ein Universum
in seinem tiefsten Seelengrund.
Überall gibt´s dort Verstecke
und nur von außen sind sie rund.
Ein jeder trägt so viele Geheimnisse in sich
und sie machen uns so bunt.
Doch jede Seele ist im tiefsten Süden ihres
Herzens auch ein wenig wund.
Wichtig ist, seinem Geist nichts vorzulügen
und die Seele zu betrügen,
dann muss auch das Herz nichts rügen.
Und die Lebenswege fügen sich in vollen
Zügen zu dem herrlichsten Vergnügen!

FÜR EIN LEBEN GENUG

Funkenflug – für ein Leben genug
Spontanität!
Denn es ist nie zu spät,
seinen eigenen Weg zu gehen,
seine eigene Seele zu verstehen,
seinem eigenen Herzen zuzuhören.
Und für sich zu klären:
Was man wirklich will,
wenn die Zeit stände still …

42

GEISTESBLITZE

Ich liebe sie,
die Geistesblitze.
Wenn sie mich treffen und yippie schreien,
fallen sie auf leisen Sohlen
wie die Räuber in mir ein.
Ach, was ist das für ´ne Freude
mit ihnen im Kreis mich zu drehen
und ich lerne zu verstehen,
wie des Lebens Wege gehen.

UND?

Ich bin ganz gespannt ...

Hast Du schon ein paar Namen von Deinen eigenen Geistern kennengelernt? Schreibe sie auf, die Namen, damit Du sie nie vergisst, und mische dem Ganzen die Geistesblitze und Ideenpläne Deines Köpfchens bei ...

. . . .

. . . .

. . . .

. . . .

. . . .

. . . .

. . . .

. . . .

. . . .

. . . .

. . . .

. . . .

. . . .

. . . .

. . . .

. . . .

. . . .

. . . .

. . . .

. . . .

44

46

ZWEITER STREICH ...

So konnte ich durch meine Zeilen und Gedichte ein paar kleine BUNTE
Seelenmosaikstückchen freilegen, die mir dabei helfen, die restlichen
verloren gegangenen Fragmente meiner Seele wiederzufinden.
Hast auch Du schon etwas gefunden, was Dich an Dich selbst erinnert und
Dir dabei hilft zu erkennen, wer Du wirklich bist?
Es ist manchmal schwer, für das Abenteuer des eigenen Seins offen zu sein,
da man denkt, dass Abenteuer gefährlich sind ...
Doch wenn man ehrlich zu sich ist, dann weiß man,
dass Routine im Gegenzug tödlich wäre und es die Abenteuer sind,
die das Leben lebenswert machen.

UND AUF DIESER ABENTEUERREISE KOMMEN WEITERE GEDICHTE VON MIR ZU DIR ...

Manchmal ist man ganz schön **Im Arsch** und **Vom Leben betrunken**,
bevor man die **Seelenfarben** und den eigenen **Wunschtraum**
wiedererkennt.

Erst dann ist man imstande, sein **Inneres Kind** an die Hand zu nehmen,
um mit ihm die **Suche** nach dem **Filter der Sinne** fortzusetzen,
um das **Seelenselbst** zu finden.

47

IM ARSCH

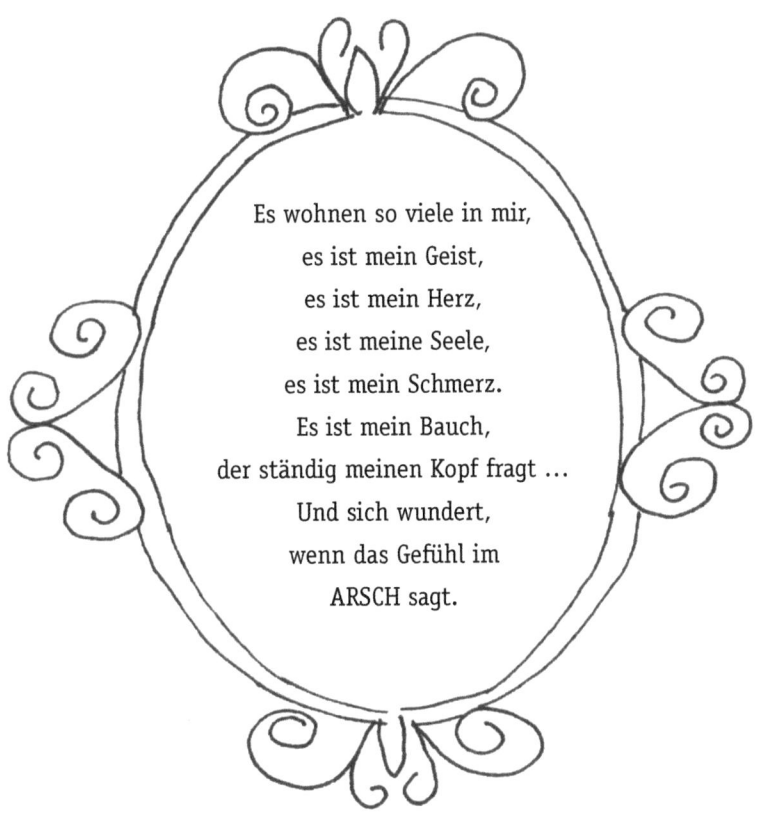

Es wohnen so viele in mir,
es ist mein Geist,
es ist mein Herz,
es ist meine Seele,
es ist mein Schmerz.
Es ist mein Bauch,
der ständig meinen Kopf fragt ...
Und sich wundert,
wenn das Gefühl im
ARSCH sagt.

49

VOM LEBEN
BETRUNKEN

In mich versunken,
vom Leben betrunken,
von der Hoffnung besoffen
und im Herzen weit offen …
sitze ich in mir,
um zu sehen, wohin des Lebens Wege gehen …
Das kann so keiner verstehen.
Und ich werde entdecken,
wie die Wege sich ranken, und meine Gedanken
die im Geiste gebauten Luftschlösser besuchen
und leise verfluchen …

51

SEELENFARBEN

Ich mag Farben sehr.
Früher haben Farben ihren eigenen
Geschmack gehabt ...
Doch leider habe ich den verloren, genauso wie die
Bilder der Vornamen.
Früher glaubte ich, dass ist bei jedem so ...
doch dann hat die Erziehung es langsam aus mir
rausgewaschen und durch Normen und Regeln ersetzt.
Doch die Normen und Regeln sind kantig und spitz,
und meine Seele reißt sich immer wieder tiefe Wunden
an ihnen, die zu hässlichen Narben werden.
Der Geschmack und die Bilder hingegen waren wie
Federn und imstande, meine Seele im Vorübergehen
durch ganz sanftes Berühren zu streicheln und sie zum
Lachen zu bringen.
Ich möchte so gerne diese Leichtigkeit zurück ...
Ich möchte diese anerzogenen Quälgeister wieder
eintauschen gegen meine gefühlvollen Engel,
damit meine Seele was zu lachen und mein Geist die
Freiheit des Denkens zurückerlangt!

WUNSCHTRAUM

Jeder hat einen eigenen Wunschtraum,
den die anderen für eine Utopie halten.
Denn wenn keiner mehr eine Vision von
seiner Fiktion hätte,
wäre die Illusion ganz desillusioniert.
Es ist nämlich so wichtig,
dass die Phantasievorstellung des Geistes bis
zum letzten Platz ausverkauft ist,
damit das Hirngespinst sich in seiner
Hauptrolle wohlfühlt
und Autogrammkarten verteilend seinen
Spinnereien nachgehen kann.

53

INNERES KIND

Wie oft kann man einem Menschen sagen,
dass er wichtig ist?
Wie lange kann man ertragen,
dass das dem anderen nichtig ist?
Wie lange ist man in einem Herzen Gast?
Ab wann wird man dann zur Last?
Wie lange hat man Schmetterlinge im Bauch?
Ab wann fühlt man sich nur noch müde und taub?
Wie viel Ignoranz kann ein Herz ertragen,
bevor es von der Dominanz der Gleichgültigkeit wird erschlagen?
Wie lange kann man „Ich hab dich lieb" sagen?
Ab wann wird man von des anderen Ungerührtheit ausgelöscht?
Wie stark und kraftvoll ist ein Gefühl
und ab wann wird es nur noch kraftlos und kühl?
Wie lange hält man das aus,
kein Freund sein zu dürfen,
und wann ist der Wunsch aus?
Wie groß ist der Seele Sehnsucht, in der anderen Seele daheim zu sein,
bevor sie das Weite sucht,
um nicht mehr klein zu sein?
Wie lange kann das innere Kind weinen,
und ab wann akzeptiert es, allein zu sein?

54

SUCHE

Wir sind alle unterwegs …
Und suchen nach dem,
was wir als Kind nicht bekamen.
Wir suchen nach dem Feuer
und wollen den Funken zurück.
Wir glauben, dass wir ganz anders waren …
Und dabei sind wir nur so lange hier, bis unser Leben umkippt.
Komm, wir leben ab jetzt nur für den Augenblick!

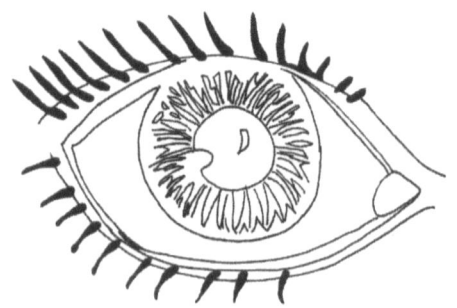

FILTER DER SINNE

Wir haben viele Sinne,
fünf an ihrer Zahl.
Können:
Sehend staunen
Fühlend tasten
Schmecken lüstern
Hören das Flüstern
Und riechen, je nach Wahl …
Die meisten dieser Sinne werden gefiltert
vom Verstand,
über den Weichzeichner gezogen,
bevor sie kommen ins Gedankenland.
Nur einer dieser Sinne hat keinen Vormund,
ist sein eigener Bestimmer.
Aus diesem Grund gibt's kein Entrinnen:
Es ist der Geruch, ist er erst mal von Sinnen,
kann der Körper anfangen zu spinnen
die feinen Netze der Erinnerung.

SEELENSELBST

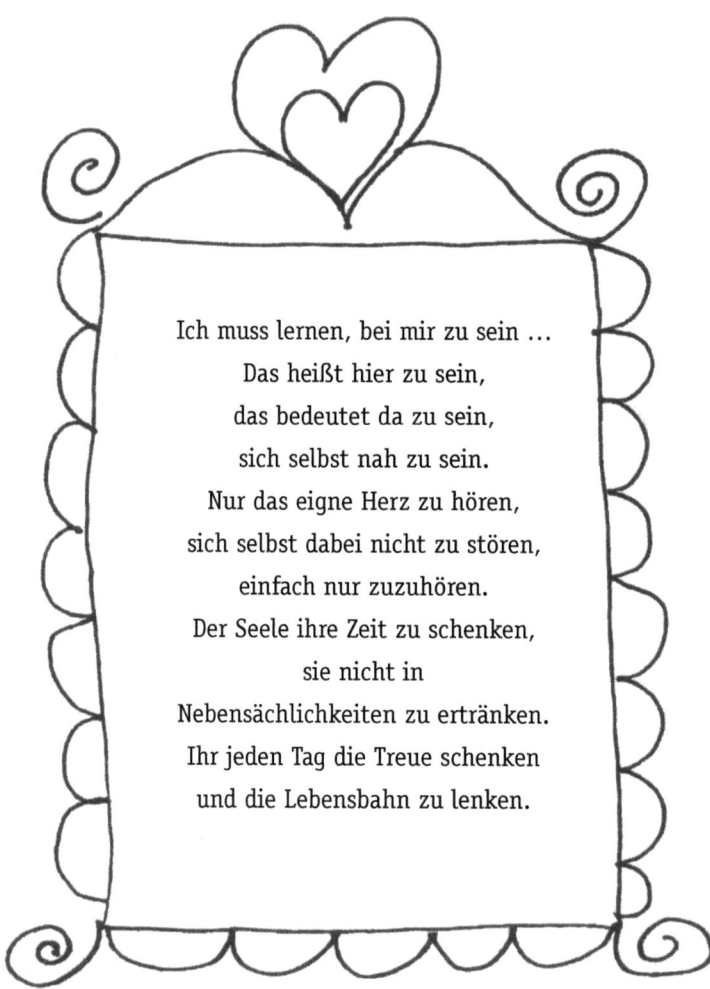

Ich muss lernen, bei mir zu sein ...
Das heißt hier zu sein,
das bedeutet da zu sein,
sich selbst nah zu sein.
Nur das eigne Herz zu hören,
sich selbst dabei nicht zu stören,
einfach nur zuzuhören.
Der Seele ihre Zeit zu schenken,
sie nicht in
Nebensächlichkeiten zu ertränken.
Ihr jeden Tag die Treue schenken
und die Lebensbahn zu lenken.

WENN man tief in sich reinhorcht, dann merkt man, dass die Melancholie manchmal auch ungeladen zu Gast ist und es sich Kekse futternd auf dem herzeigenen Sofa gemütlich macht.

Deutlich kann man ihre Anwesenheit an den Kekskrümeln erkennen, die einen in den Hintern der Seele piksen ...

Der viele Zucker in den Keksen beruhigt die Traurigkeit der Melancholie sehr, er ist das Taschentuch des Geistgefühls.

Wie heißen Deine Krümel?
Schreibe ihre Namen auf, das ist wichtig, damit Du sie wirklich vergessen kannst ...

. . . .

. . . .

. . . .

. . . .

. . . .

. . . .

. . . .

. . . .

. . . .

. . . .

. . . .

. . . .

. . . .

. . . .

60

DRITTER STREICH ...

Wie gefällt es Dir, Dich so tief in Deinen eigenen Gedanken verlaufen zu haben?

Mit der sicheren Erkenntnis, dass man das tiefe Glück nur im eigenen Seelengarten finden kann?

Dass es so wichtig ist, seinem inneren Kind genügend Aufmerksamkeit und Zeit zu schenken, um eine Runde lang mit ihm auf dem Spielplatz der Poesie zu verweilen ...

Damit die Zufriedenheit sich geborgen im Herzen fühlt.

Es ist ein wunderbares Gefühl, sich selbst kennenzulernen.

DESHALB ERZÄHLEN AB HIER WIEDER WEITERE GEDICHTE VON MEINEM WEG ZU MIR ...

Wie man mit der **Kaufkraft der Gefühle** das **Ziel** erreichen kann,
wenn man den **Sinn der Möglichkeiten** wahrnimmt,
um ein **Lachen der Seele** zu zaubern.
Denn nur dann hat der **Seelenprinz** wahrhaftig für alle Zeit genug **Flausen** im Kopf!

63

KAUFKRAFT DER GEFÜHLE

Was ist das, was dem Leben die Freude schenkt?

Sind es die Ideen?

Ist es die Liebe?

Sind es die schönen Stunden?

Und was ist das, was dem Leben die Freude nimmt?

Sind es die Sorgen?

Ist es der Kummer?

Sind es die vielen kleinen Traurigkeiten?

Und ist es möglich, diese Dinge gegeneinander aufzurechnen?

Und warum haben sie eine unterschiedliche Zahlkraft?

Warum verbraucht eine kleine Freude sich so schnell und löst sich in Luft auf …

Und warum kann ein winzig kleiner Kummer es schaffen, einen ganzen Tag in tiefes Grau zu kleiden?

Und ist es gerecht?

Oder stimmt irgendetwas an der Verteilung nicht?

Warum ist der Akku der Freude immer so schnell leer?

Und warum sind Kummer und Traurigkeit so ein verlässlicher, niemals erschöpfter Begleiter?

Wie viele positive Gedanken wiegen einen negativen Gedanken auf?

Wie ist die Verteilung der Kaufkraft des Glücks?
Liegt es vielleicht auch nur tief in mir, dass
ich mich einfach mehr freuen muss?
Und wenn dann die Freude durch meinen
Körper rennt, dann muss ich sie am Laufen
halten, sie zum Springen und Hüpfen bringen
und dazu überreden, ab und zu einen Purzelbaum zu schlagen.
Ich glaube, wenn ich diese Verrücktheit in
mir am Leben erhalten kann, dann zieht die
Traurigkeit stockbeleidigt ganz von alleine
AUS!

ZIEL

Aufgegriffen, Blatt zerrissen,
hingeflogen, nicht gelogen.
Es neu versucht, es wiederholt verflucht.
Hingesehen, um wegzugehen.
Hochgelobt und innerlich getobt.
Leise gewesen, in Gedanken versunken
mich innerlich betrunken,
das Ziel erreicht ...
und erkannt,
was LEBEN heißt!

66

SINN DER MÖGLICHKEITEN

Wenn es nicht so viele Möglichkeiten gäbe,
dann gäbe es auch nicht so viel SINN.
Wobei nicht jede Möglichkeit
einen Sinn ergeben muss
und nicht jeder Sinn
auch eine Möglichkeit ist.
Doch man sollte immer über den Sinn
des Unsinns nachdenken
und das Unmögliche möglich machen,
auf dass die Lebensmöglichkeiten
jederzeit eine sinnvolle Chance erhalten.

67

LACHEN DER SEELE

Alle Äußerlichkeiten existieren nur auf Zeit ...
Sie verschwimmen und vergehen,
nichts, was von ihnen übrig bleibt.
Was wirklich zählt,
liegt auf dem tiefen Seelengrund.
Und macht des Lebens Ecken und Kanten
RUND.
Ein schönes Äußeres wird vergehen,
doch das Lachen der Seele bleibt bestehen.

SEELENPRINZ

Wäre es nicht ein wunderbarer Gedanke, den ganzen Firlefanz
an den Nagel zu hängen
und den alten Stubenhocker Mummenschanz
aus dem Fenster zu werfen?
Dann könnte endlich der tollpatschige Traumtänzer Seele damit
aufräumen und zeigen, dass er kein Tunichtgut ist.
Er würde mit Übermut sein Hasenherz den Weltschmerz
vergessen lassen und wonnevoll das Weltenbummeln beginnen.
Seinem inneren Augenstern folgend würde er seinen
Wunschtraum verwirklichen, den Zeitgeist vergessen, die
Wundertüte packen, damit er sich aufmachen kann ins
WUNDERLAND.
Dort könnte er spitzbübisch ein Steckenpferd suchen und im
immerwährenden Sommerglück an einem Sommersonnentag
einen anschließenden Sommernachtstraum erleben.
Es wäre ein kreativer Schabernack der Saumseligkeit, wenn er
Pustekuchen backend seine Sandkastenliebe wieder träfe und
purzelbaumschlagend, Ohrwürmer trällernd während seines
Müßiggangs eine Menge Mumpitz vollbrächte.
In das von ihm erträumte märchenhafte Luftschloss könnte
seine Mondscheinprinzessin einziehen.

69

So würde aus dem Hoffnungsschimmer meines Herzenswunsches
an einem himmelblauen Wundertag ein Kleinod für meinen

SEELENPRINZEN.

Der sich von einem Habenichts zum Glückskind
der Gedankenwelt verwandelt,
um dort im Freudentaumel das Frühlingserwachen
meiner Regenbogenseele erleben zu dürfen.
So leuchtend kann der Flitterkram des Freiheitsdrangs
farbenfroh das Fernweh genießen,
auch wenn es sich eigentlich nur um einen Budenzauber des
Bauchgefühls handelt.

71

FLAUSEN

Flausen im Kopf,
´ne Portion Verrücktheit im Sinn,
mit diesen beiden Tu-nicht-Guten
bekomm ich
alles Wunderbare HIN!

DIE Gebrauchsanweisung des Lebens heißt:

- Kopf hoch
- Humor an
- Nase in den Wind

Und loslaufen, um alle Glücke aufzupiksen ...

Mit welchen Glücken spielst Du gerade Fangen?
Schreibe sie auf, damit aus allen Deinen Träumen Pläne werden können ...

. . . .

. . . .

. . . .

. . . .

. . . .

. . . .

. . . .

. . . .

. . . .

. . . .

. . . .

. . . .

. . . .

. . . .

74

75

VIERTER STREICH ...

Ich kann das Lachen Deiner Seele bereits leise hören ...
Und ich bin mir sicher, dass es gekommen ist, um zu bleiben,
tief in Deinem Inneren.
Von nun an soll, egal was auf Deiner Reise noch kommen mag, nichts und
niemand es mehr fertigbringen, im Süden Deines Herzens für Unruhe zu
sorgen. Denn dort ist von nun an Dein sicherer Rückzugsort.
Ich wünsche Dir für Deine weitere Reise allzeit einen blauen Himmel.
Und einen Schutzengel als Busfahrer, der jedes Ziel zu einem glücklichen
Abenteuerausflug macht.

AUS DIESEM GRUND MÖGEN MEINE ZEILEN DICH KURZ SANFT UMARMEN UND DIR EIN PAAR LETZTE GEDICHTE MIT AUF DEN WEG GEBEN:

Wie es ist, wenn der **Zeitgeist** auf der **Sinnsuche** erkennt, dass die
Suche der eigenen Farbe das Ziel bedeutet und wie wichtig der
ureigene **Geburtstag** ist.

Damit der **Ich-Sinn** seine **Hirngespinste** und
Lebenserfahrungskratzer An meine Seele sendet, damit sie nicht
mehr **Dolles sein** muss und endlich **Bei sich sein** kann, um zu wissen,
dass ein **Wort** und eine Kette von **Buchstaben** fähig sind, das ganze
Leben zu verändern, wenn sie nur zur richtigen Zeit freigelassen werden ...

77

ZEITGEIST

Wenn der Zeitgeist mit der Zeit reist.

Und die Zeit reist nur für den Zeitgeist.

Dann reisen beide voneinander fort und erreichen nie denselben ORT.

Dann ist es unmöglich zu verstehen,

wie des Lebens Wege gehen.

Und so wird die Zeit meinen Koffer nie sehen,

wenn mein Geist wird auf die Reise gehen.

79

SINNSUCHE

Wenn es eine Suche nach dem Sinn gibt,
gibt es dann auch einen Sinn der Suche?
Und wenn es einen Sinn der Suche gibt,
ist das dann nicht der eigentliche Sinn?
Vielleicht ist es der Sinn,
immer auf der Suche zu sein.

80

SUCHE DER EIGENEN FARBE

Wenn alles da draußen grau scheint,
muss ich nach dem Regenbogen
in mir suchen.
Denn letztendlich ist er das,
was bleibt,
wenn alle anderen Farben verbleichen.

GEBURTSTAG

Wenn Weihnachten
ein Fest der Liebe ist
und Ostern
ein Fest der Hoffnung ...
Dann ist mein Geburtstag
vielleicht so etwas
wie eine kleine Katastrophe
für die Vernunft
und die gute Erziehung ...

ICH-SINN

Wenn ich nicht schreibe, werde ich seltsam.
Doch das ist es, was ich ohnehin schon lange
für die andren bin.
Doch auch sie sind mir sehr komisch
und obendrein zu ironisch.
Tiefe Gefühle haben sie kaum,
vielleicht nur in ihrem Traum.
So schreib ich weiter,
damit meine Seele bleibt heiter,
so tief in mir drin,
auf der Suche nach dem Sinn!

84

HIRNGESPINSTE

Hab so viele Hirngespinste tief in mir drin in meinem Sein.
Zaubrisch, traumsüß, überselig
irgendwie muss ich anders sein.
Schau ich weiter tief ins Herz, so ist dies
sturmwolkentiefenblau, erkenne, dass dies ganz anders ist
als das normale Alltagsgrau.
Sehnsuchtstrunken nach mir suchend,
seelenfroh dabei zu sein,
erkenn ich glücksvergessen meiner Seele Zauberei.

LEBENSERFAHRUNGS-KRATZER

Ich seh die Wunder dieser Welt,
die Wälder, Wiesen, Berge und Meere,
die ich alle sehr verehre.
Ich bin froh, ein Teil zu sein
im strahlenden Sommer-Sonnenschein.
Ich seh den Glitzer im Wasser
und das Schimmern in der Luft.
Hör, wie leise jemand meinen Namen ruft.
So bin ich froh, dabei zu sein,
und hier auf Erden daheim.

86

AN MEINE SEELE

Wo bist Du
und wo bin ich?
Wer bist Du
und wer bin ich?
Was bist Du,
und was bin ich?
Und wo sind wir gemeinsam?
Kenn ich Dich?
Oder kennst nur Du mich?
Soll ich nach Dir suchen?
Oder findest Du nur mich?
Und wer ist eigentlich ich?

DOLLES SEIN

Das Fettnäpfchen meiner Seele
ist immer gut gefüllt.
Das kleine Dolle
meines Seins trampelt
schnell mal gern hinein.
Ist es doch so immerdar,
trampelhaft und wunderbar.
Ist so wunderbar und doof
und obendrein kein Philosoph.
Und verheddert sich doch
in Gedichten und Geschichten.

88

Bei sich sein

Augenblickskurz sah ich im Spiegel
mein alltagsblasses kleines Sein.
Von der Normalität des Tags zerfressen,
schwindelschwach vom Dabeisein.
Glanzverloren vor sich starrend,
angstkalt vom alleine Sein.
Von dem letzten Rausch erwachend,
doch im Innerlichen mein.
Mit sahnebonbonsüßen Träumen,
locke ich mein kleines Sein.
Um alle Last von ihm zu räumen,
damit die Träume keine Schäume sein.

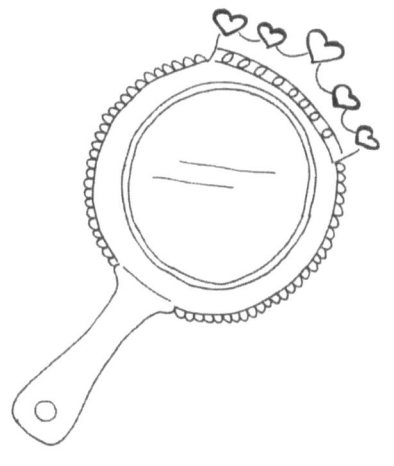

89

WORT

Nur ein Wort …
Und doch so viel mehr.
Ein Wort kann Hoffnung
oder alles zum Einsturz bringen.
Ein Wort kann Liebe geben
oder den Mut nehmen.
Ein Wort kann heilen,
ein Wort kann vernichten.
Ein Wort kann einfach alles anrichten!
So ist die stärkste Waffe: das Wort.
Zu jeder Zeit,
an jedem Ort …
Einfach nur das
WORT!

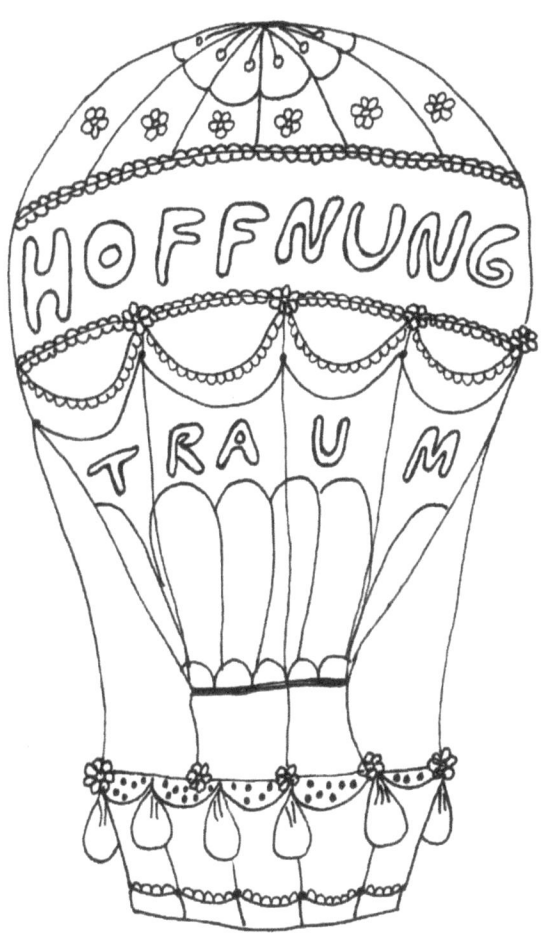

HOFFNUNG

TRAUM

91

BUCHSTABEN

Ich mag Buchstaben,
wie sie zu Wörtern werden ...
Und Wörter,
wie sie Sätze bilden.
Und die Sätze werden zu Geschichten.
Und es gibt so schöne fröhliche ...
doch auch so abgrundtief traurige.
Doch am Ende
sind es alles
die gleichen Buchstaben ...
Und wenn es die gleichen Buchstaben sind,
warum sind wir dann oftmals nicht in der
Lage, aus ihnen fröhliche Geschichten des
Lebens zu schreiben?

93

NUN kennst Du die Namen Deiner Geister ...

Hast die Kekskrümel der Melancholie kennengelernt und durch Aufschreiben ihr Vergessen einleiten können.

Der Gebrauchsanweisung für Dein Dasein folgend, hast Du gelernt, alle sich Dir bietenden Glücke aufzupiksen und zum Leben zu erwecken.

Jetzt ist es an der Zeit, Dir Gedanken zu machen, dass positive, schöne Worte Deinem Sein die schönsten Farben geben können.

Schreib sie auf, um sie im Anschluss laut in die Welt zu schreien ...

. . . .

. . . .

. . . .

. . . .

. . . .

. . . .

. . . .

. . . .

. . . .

. . . .

. . . .

. . . .

. . . .

. . . .

94

95

SCHLUSSHOFFNUNG

Ich hoffe,
meine Buchstaben wurden zu Worten,
diese zu Zeilen,
um wiederum zu Gedichten zu werden,
die Deine Seele berührt haben ...

Ich würde mich freuen,
wenn meine Gedichte Dich ein Stück
auf Deiner Lebensreise begleiten
und Du bei dem Gedanken an sie
in Deiner Seele lächelst ...

Bis bald im Land des Herzens ...

Wundertütenpoet

Besuche mich auf

www.wundertuetenpoet.de